Der kleine

Vorübungen zum Schreiben- und Lesenlernen

von

Dr. Rüdiger Urbanek

Linda Anders
Ursula Brinkmann
Doris Frickemeier
Irmgard Mai
Gabriele Müller

illustriert von
Vera Schmidt
und
Eva Czerwenka
Yo Rühmer

Cornelsen

Inhaltsverzeichnis

1	Visuelle Wahrnehmung
2	Feinmotorik
3	Logisches Denken/Umweltwissen
4	Phonologische Bewusstheit

Siehe auch Innenumschlag hinten.

Finde die Bilder.

Dinge im Bild wiederfinden und einkreisen.

A

E

O

I

U

Ä

Ö

Ü

D

G

B

F

CH

Z

BUCH

H

M

L

-NG

RING

4

© 2006 Cornelsen Verlag, Berlin
Alle Rechte vorbehalten.

Felder des Buchstabenhauses ausschneiden (siehe Seite 63) und hier einkleben.

Was passt zusammen?

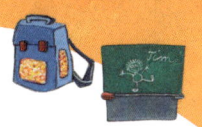

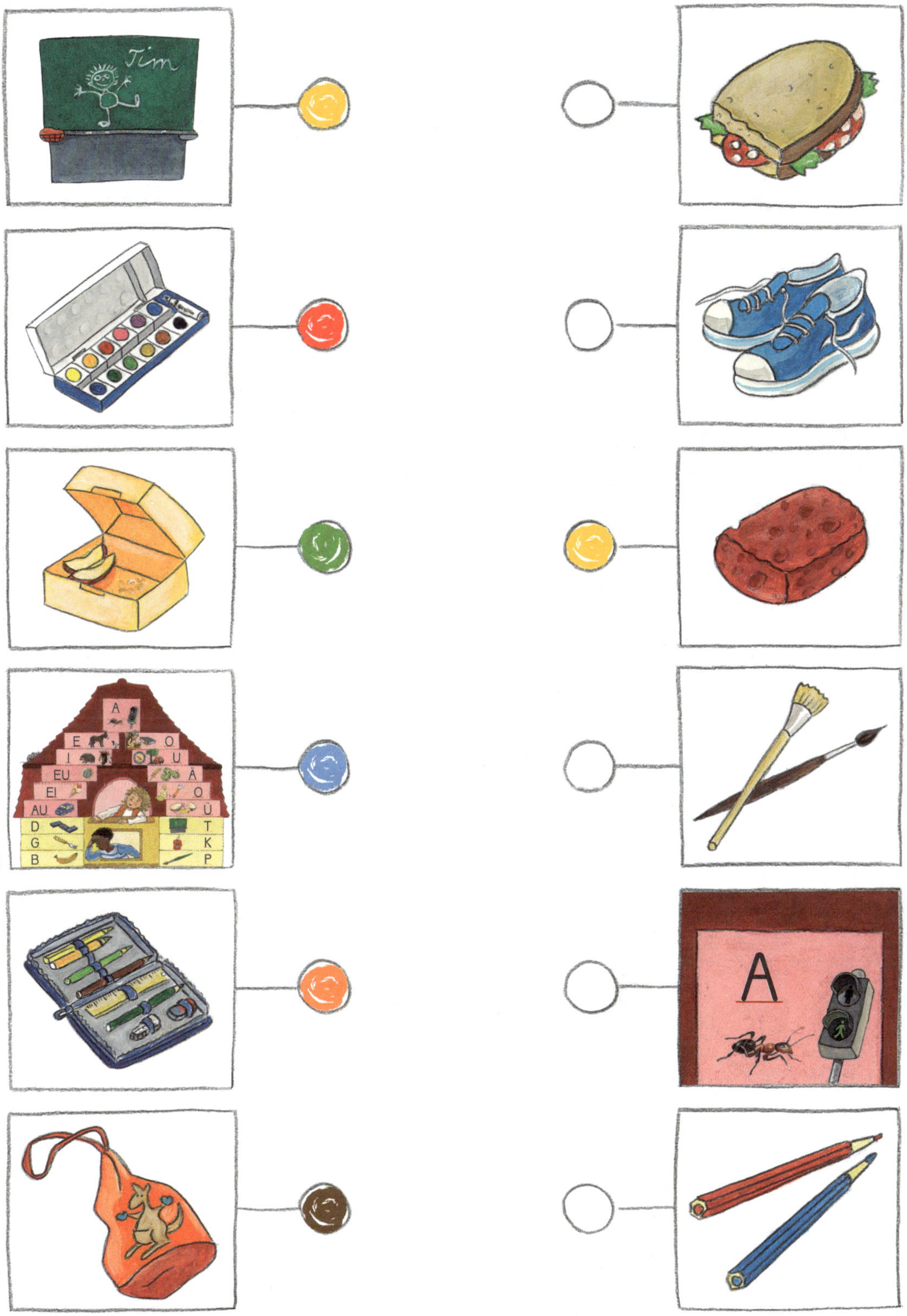

Zusammengehörige Bilder durch gleiche Farben markieren.

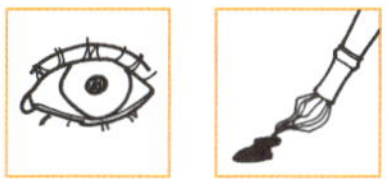

Wie geht es weiter?

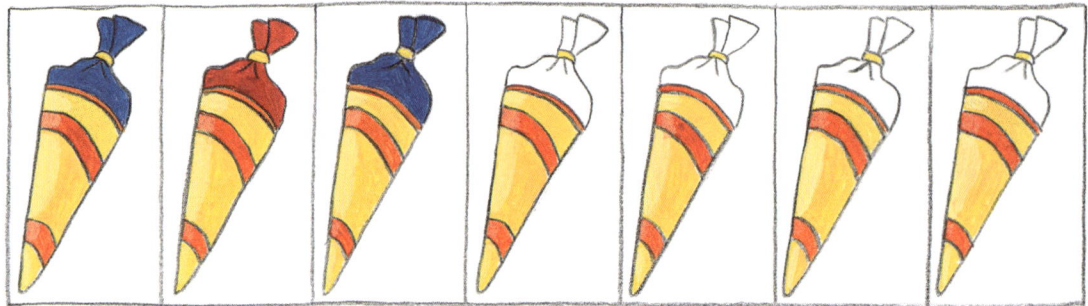

Reihen fortsetzen.

Gleiche Anlaute erkennen und mit dem Bild verbinden, Mundstellung bewusst machen.
Nicht passendes Bild durchstreichen.

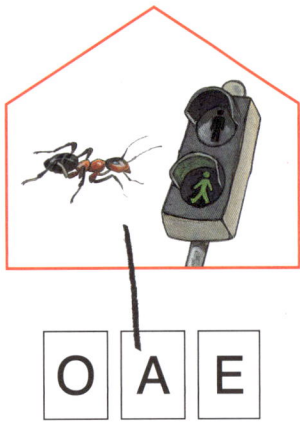

O A E

I A U

I U A

U E A

A E O

F R M L

M S F L

R F L S

Anlautbilder mit passendem Buchstaben verbinden.

Was stimmt hier nicht?

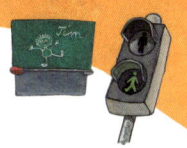

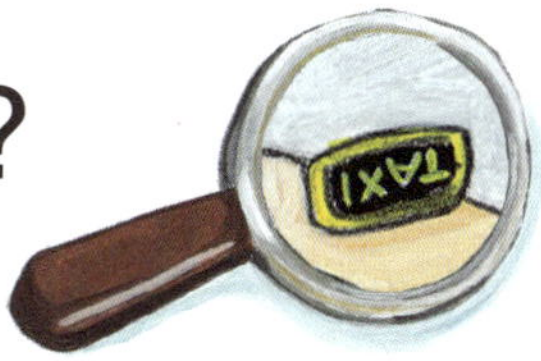

Finde 6 Fehler.

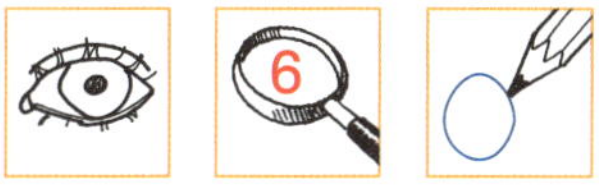

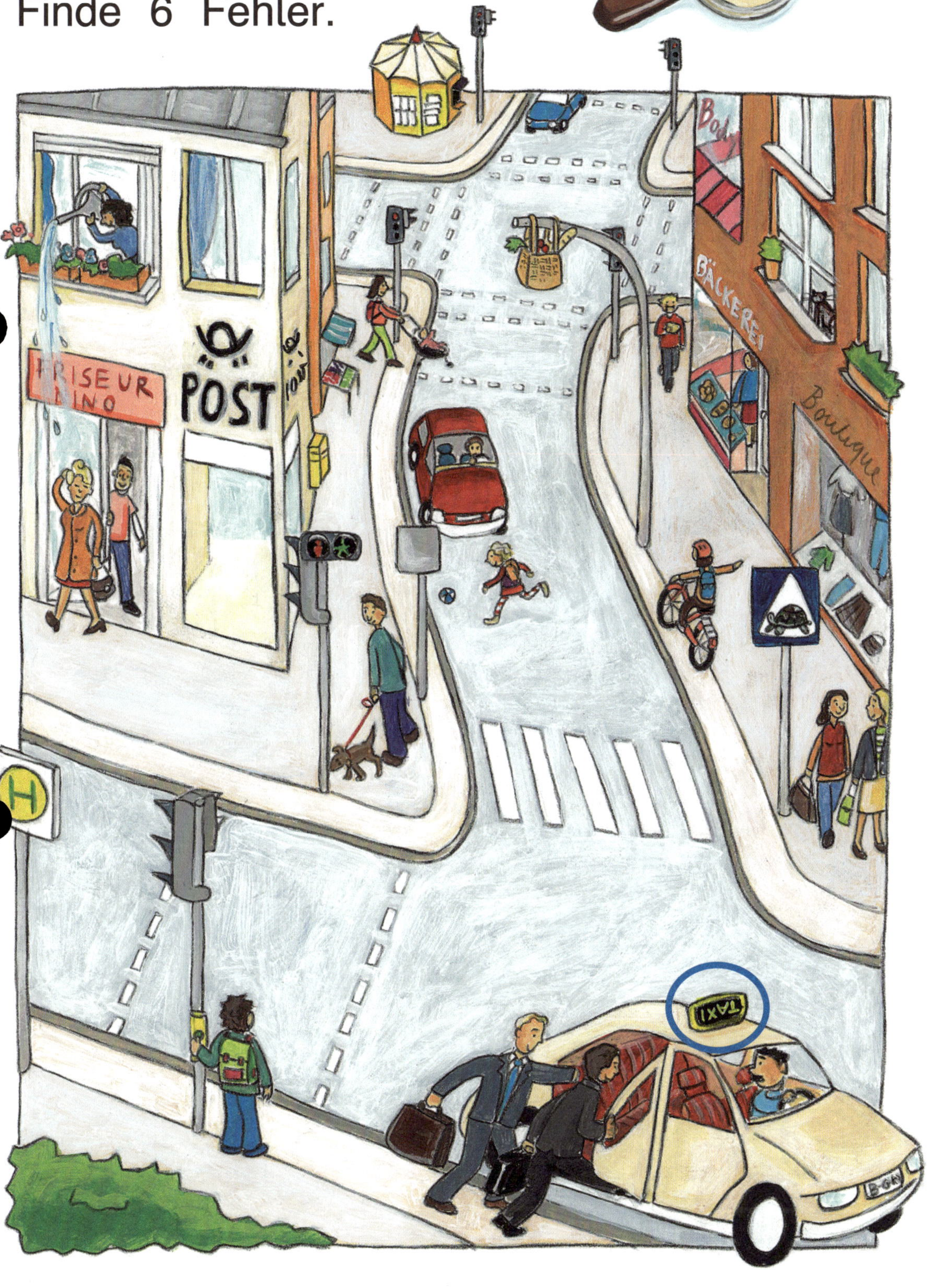

Weitere 6 Fehler finden und einkreisen.

Wie geht es weiter?

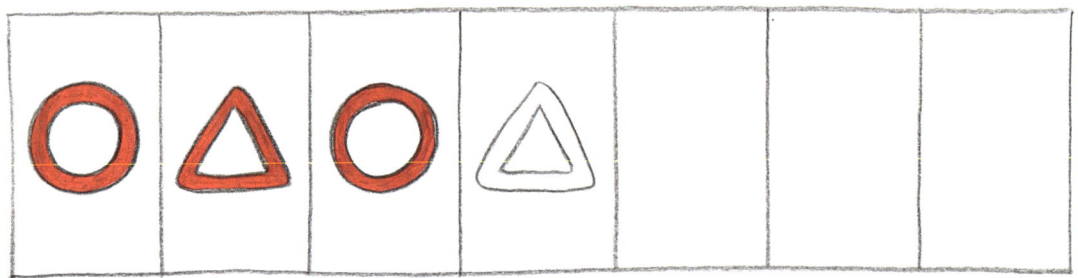

Reihen fortsetzen.

Wer wohnt wo? Wege mit verschiedenen Farben einzeichnen.

11

Bilder vergleichen, das mit dem ersten Bild identische Bild finden und einkreisen.

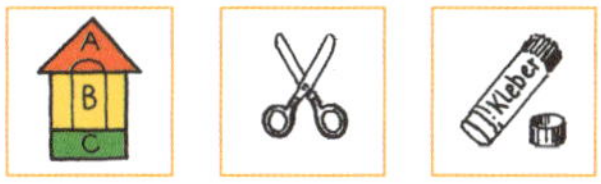

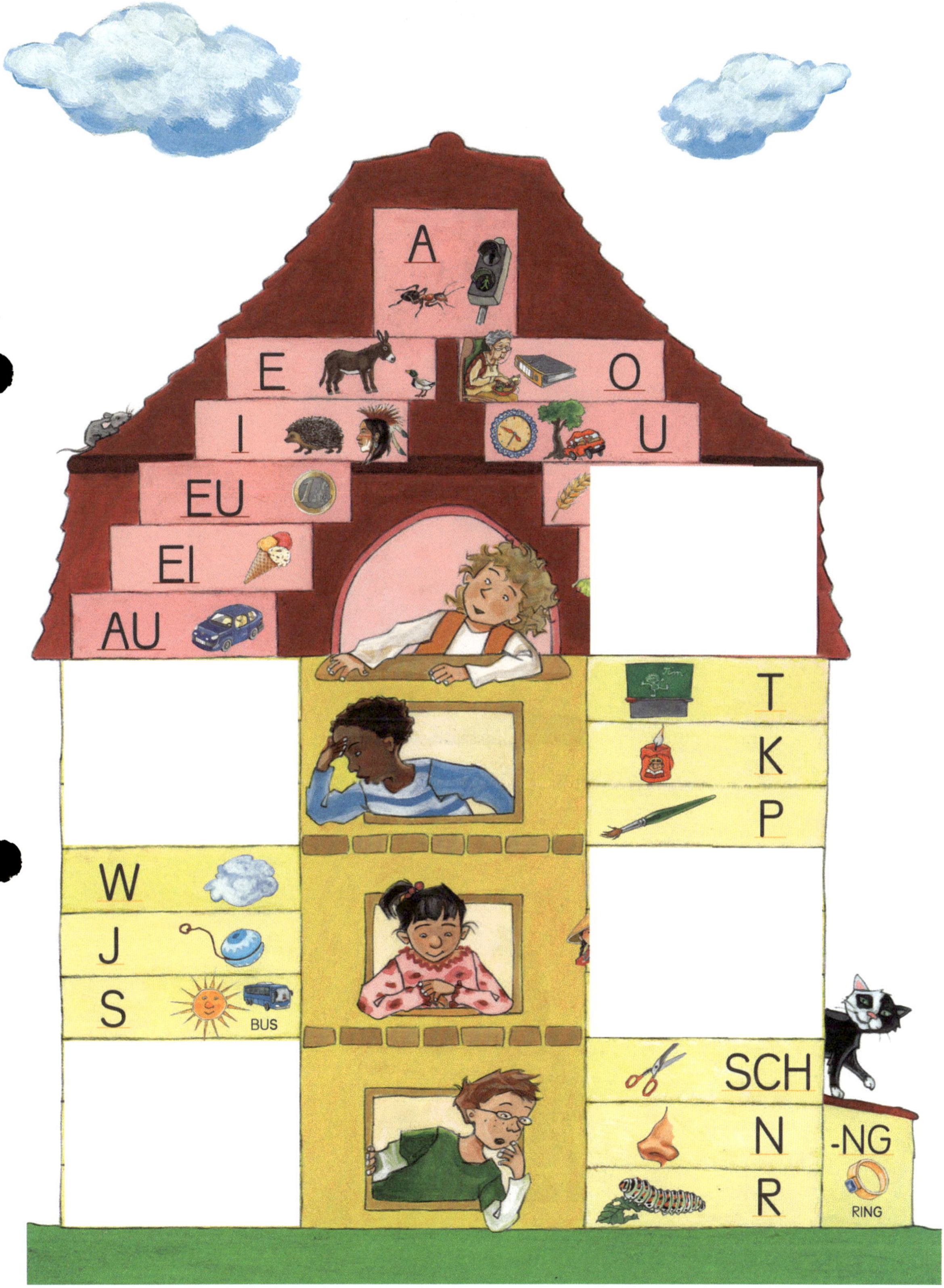

A

E

O

I

U

EU

EI

AU

T

K

P

W

J

S

BUS

SCH

N

R

-NG

RING

Felder des Buchstabenhauses ausschneiden (siehe Seite 65) und hier einkleben.

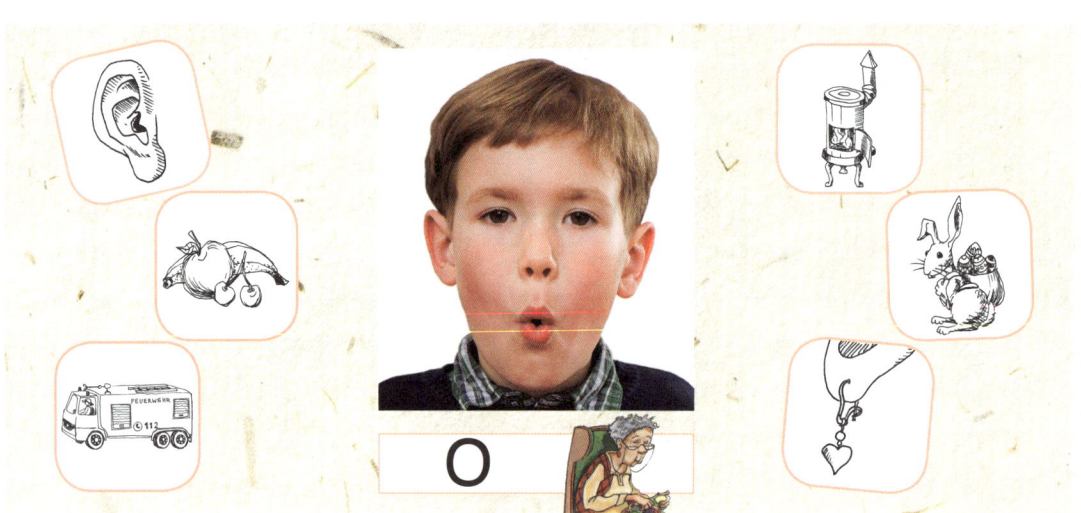

Gleiche Anlaute erkennen und mit dem Bild verbinden, Mundstellung bewusst machen.
Nicht passendes Bild durchstreichen.

Was gehört nicht dazu?

Nicht passendes Bild einkreisen.

Der Drachen – Ordne die Bilder.

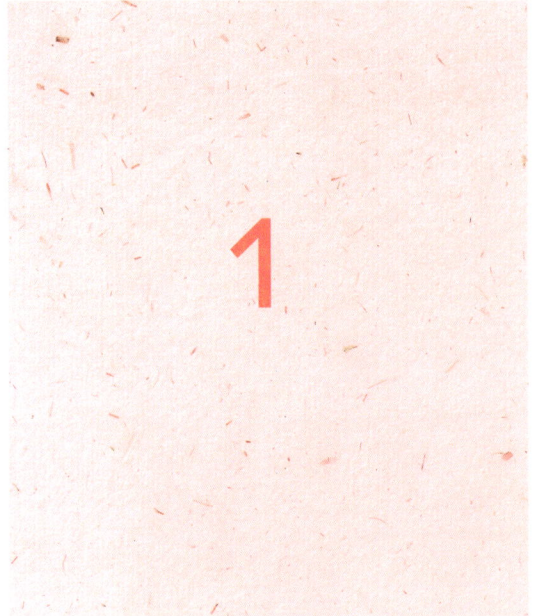

Bildergeschichte: Einzelbilder ausschneiden (siehe Seite 63) und in logischer Abfolge hier einkleben.
Differenzierung: Wörter zum Bild verschriften.

Bilder zu Ende malen.

Au	Ei	Eu

Au	Ei	Eu

Au	Ei	Eu

K	P	T

D	K	T

B	K	T

B	T	K	G

P	N	T	G

G	D	P	K

18

Anlautbilder mit passendem Buchstaben verbinden.

Bilder mit gleichem Anlaut mit dem Anlautbild aus dem Buchstabenhaus verbinden.

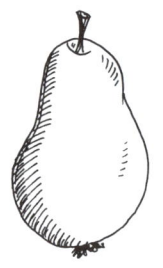

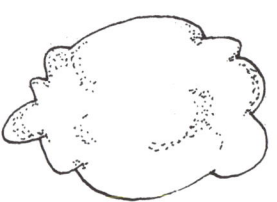

Silben klatschen – Silbenbögen zeichnen.

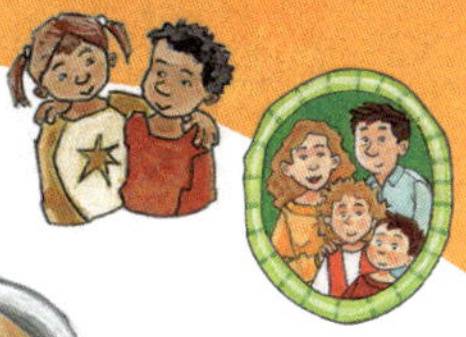

Was stimmt hier nicht?

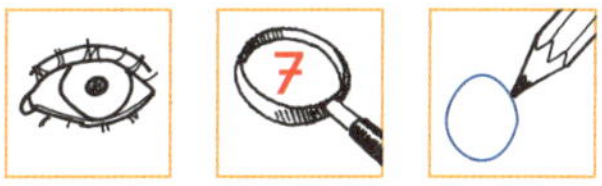

Finde 7 Fehler.

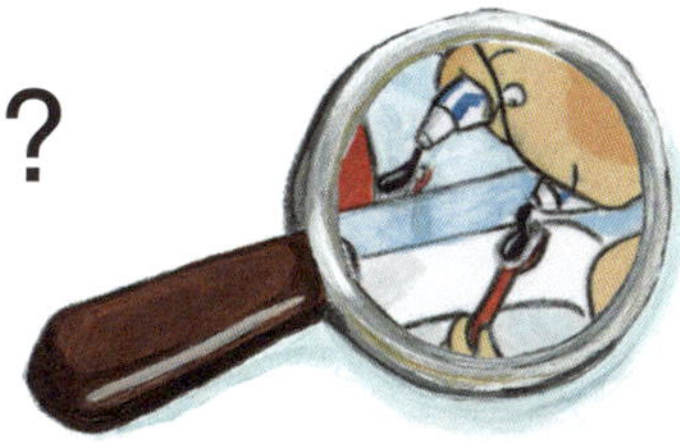

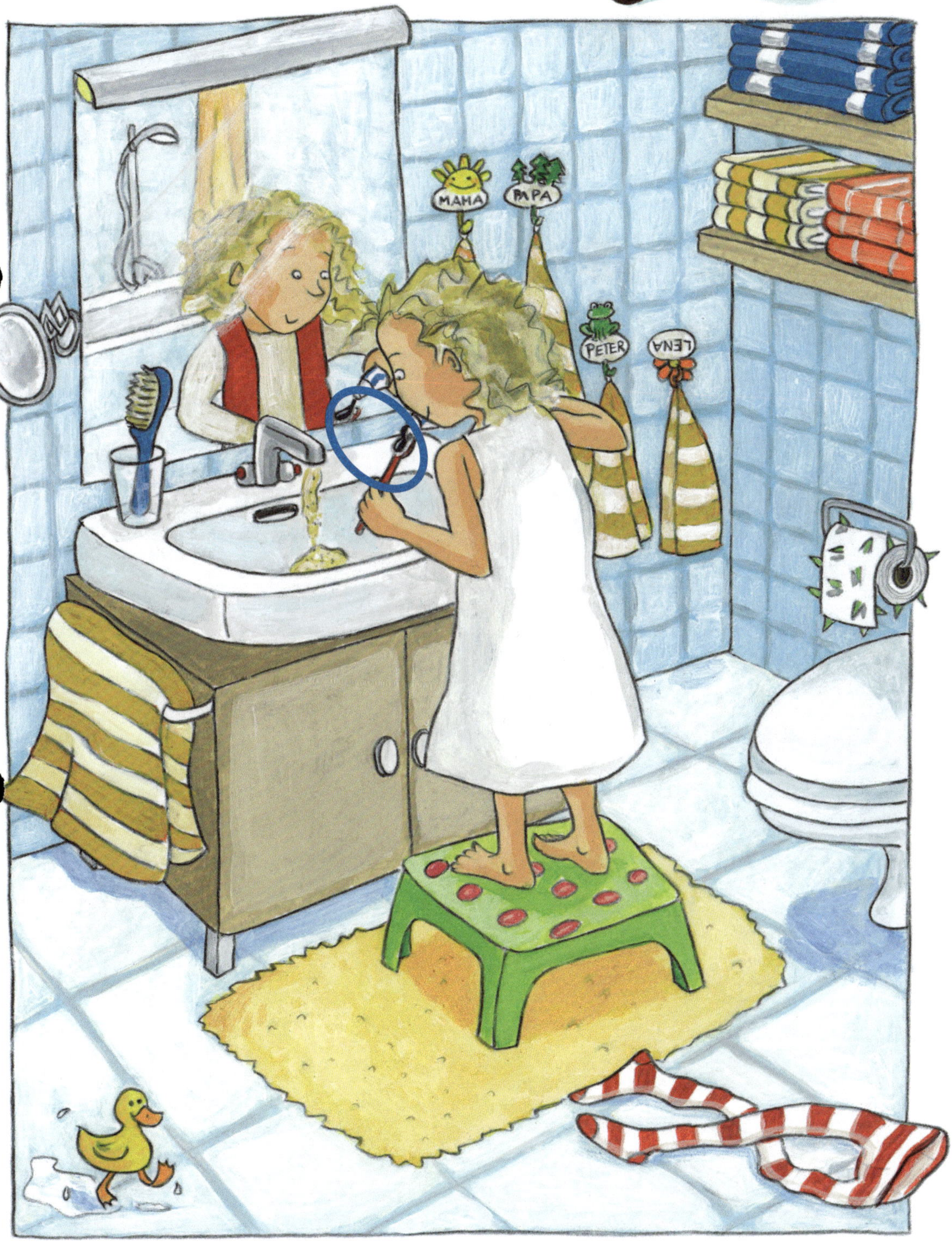

Was passt zusammen?

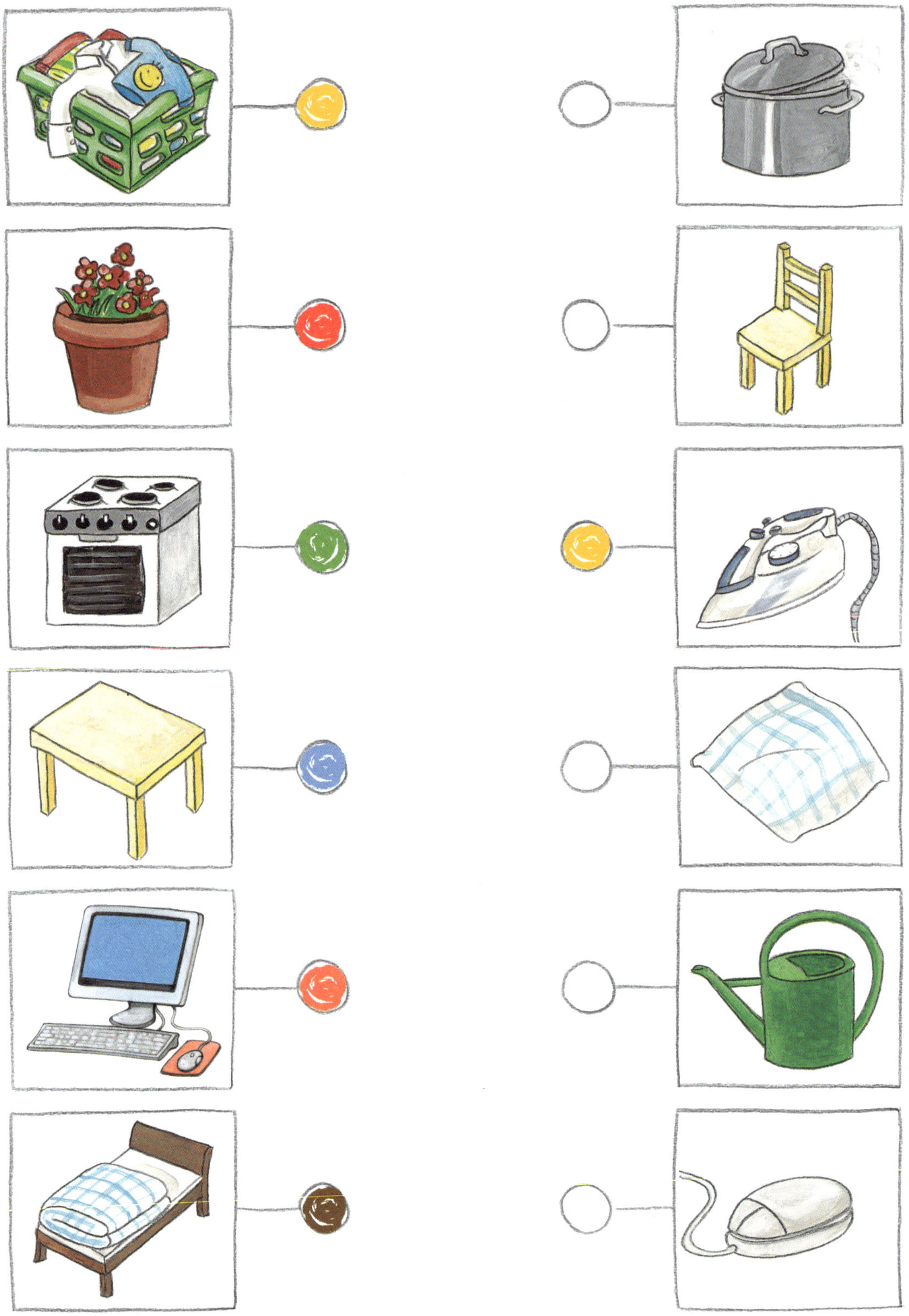

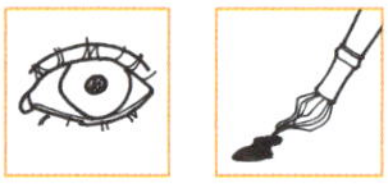

22

Zusammengehörige Bilder durch gleiche Farben markieren.

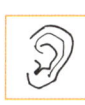 

Reimwörter verbinden.

Bilder mit gleichem Anlaut verbinden.

Das Jahr

Jahreszeitenbilder ausschneiden (siehe Seite 65), dem Jahreszeitenbaum zuordnen und einkleben.

Was gehört nicht dazu?

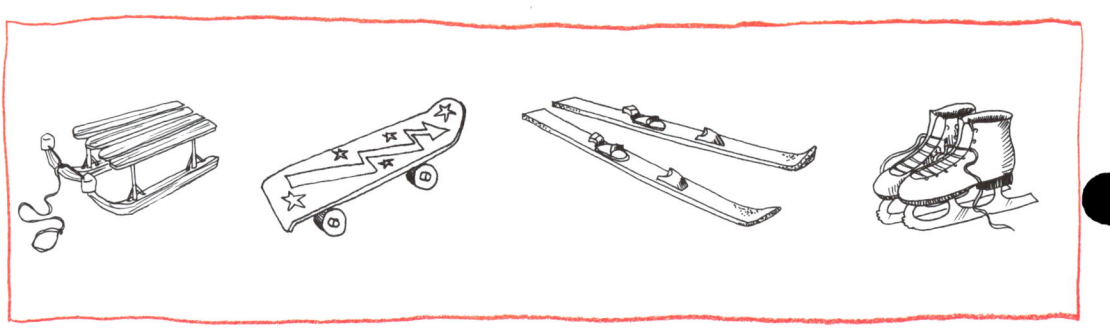

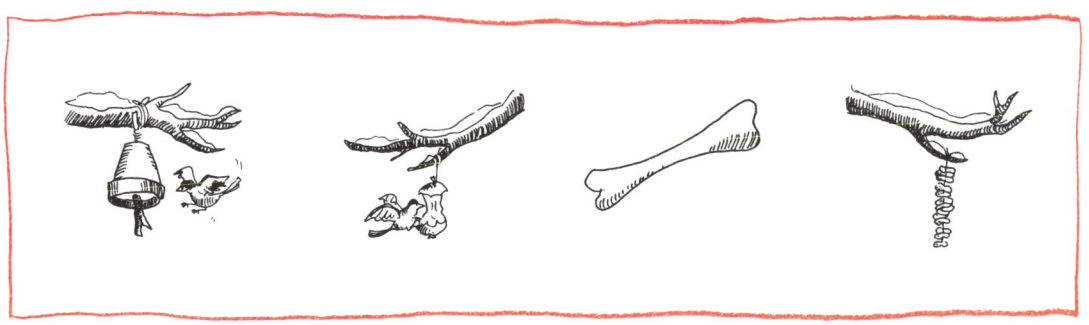

Nicht passendes Bild einkreisen.

Schneemänner nach Vorlage ergänzen.

A

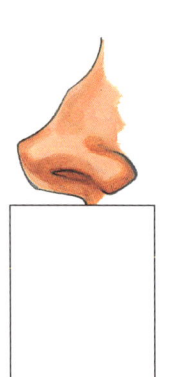

Anlautbuchstaben mit Hilfe der Lauttabelle schreiben.

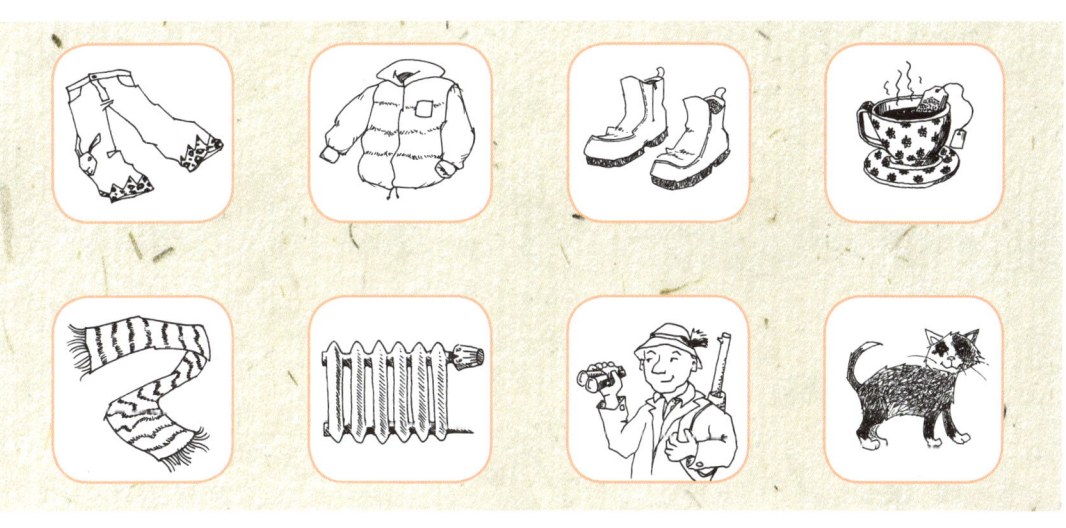

Bilder mit gleichem Anlaut verbinden.

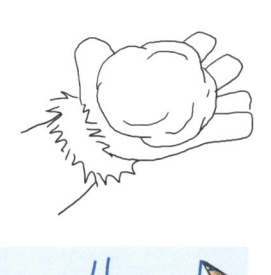

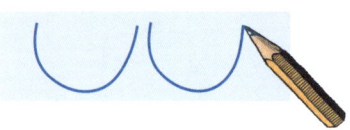

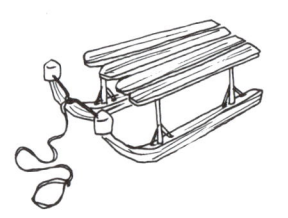

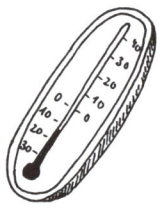

Silben klatschen – Silbenbögen zeichnen.

Was passt zusammen?

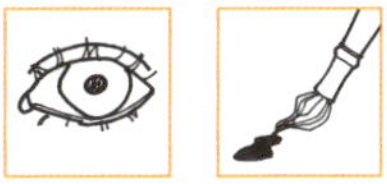

Zusammengehörige Bilder durch gleiche Farben markieren.

31

Ordne die Bilder.

	2	3	4

1	2	3	4

1	2	3	4

Bilder ausschneiden (siehe Seite 67), logisch ordnen und aufkleben
(1. Reihe: Größe; 2. Reihe: Ablauf; 3. Reihe: Anzahl).

Finde die Bilder.

Versteckte Figuren finden und ausmalen.

Schreibe die Buchstaben.

R

O

O

H

F

L   E

R

I

U

A

N

Buchstaben nach Groß- und Kleinbuchstaben sortieren.

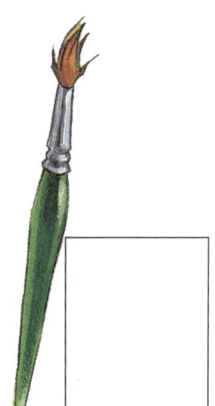

Anlautbuchstaben mit Hilfe der Lauttabelle schreiben.

Anlaut abhören, mit passendem Anlautbild verbinden.
Den Anlaut oder auch mehrere Buchstaben dazu schreiben.

Kind mit passendem Schatten verbinden.

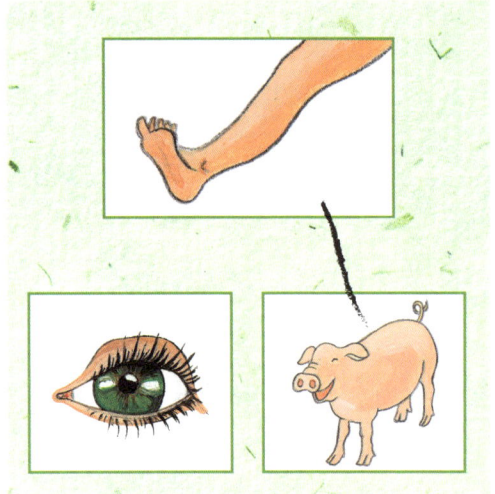

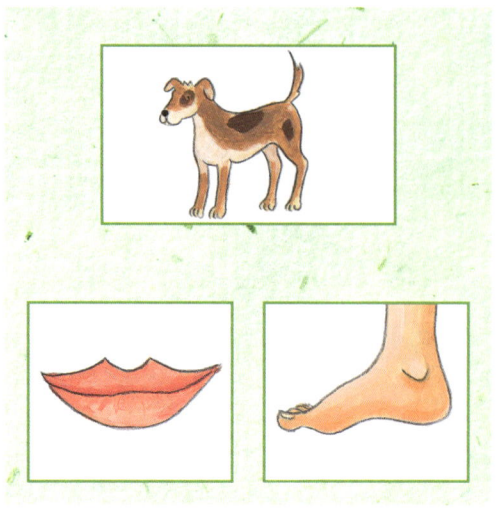

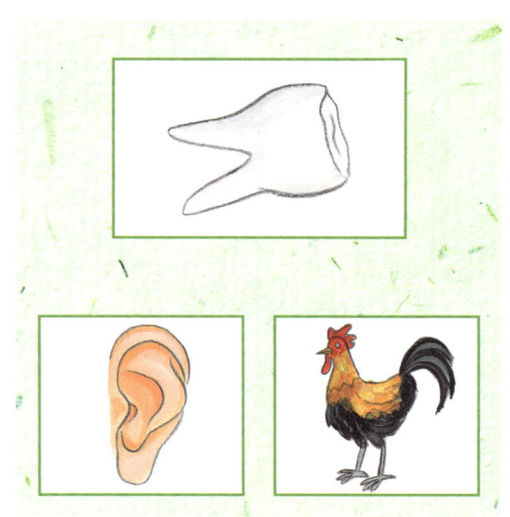

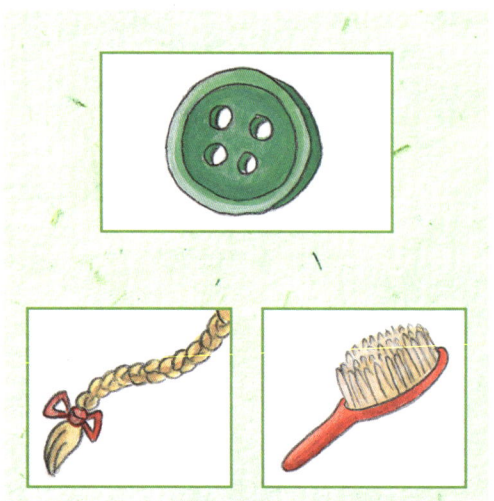

Reimwörter verbinden.

Was gehört nicht dazu?

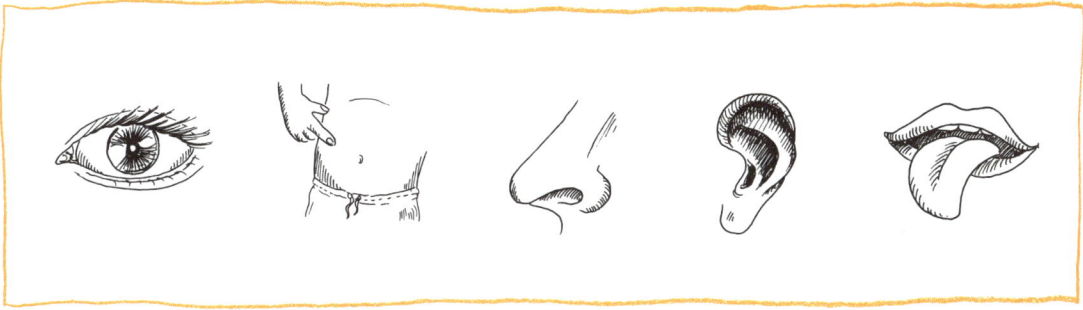

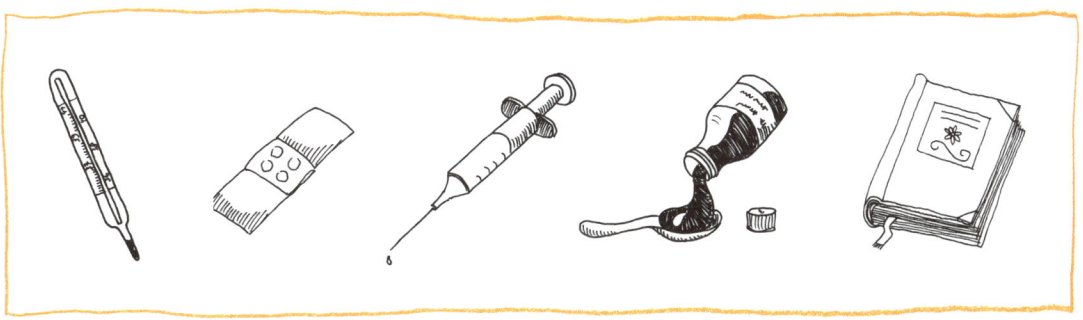

Nicht passendes Bild einkreisen.

Ordne die Bilder.

	**2**	**3**	**4**
1	**2**	**3**	**4**
1	**2**	**3**	**4**

Bilder ausschneiden (siehe Seiten 65/69/71), logisch ordnen und aufkleben
(1. Reihe: Anziehen; 2. Reihe: Zahnwachstum; 3. Reihe: Ablauf).

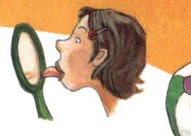 

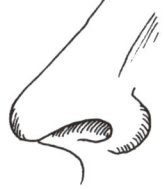

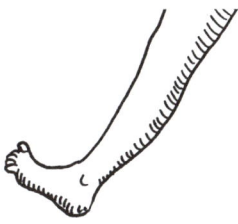

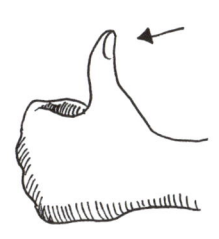

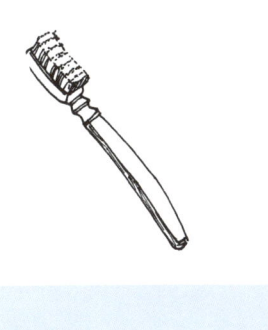

Silben klatschen – Silbenbögen zeichnen. Wörter verschriften: Wörter abhören, die
gehörten Laute notieren.

Z

D

F

Au

H

A

N

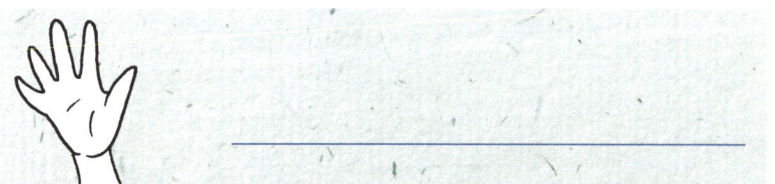
Anlaut abhören, mit passendem Anlautbild verbinden.
Den Anlaut oder auch mehrere Buchstaben dazu schreiben.

D

Was stimmt hier nicht?
Finde 6 Fehler.

Weitere 6 Fehler finden und einkreisen.

Wie geht es weiter?

Reihen fortsetzen.

Hasen, die gleiche Tätigkeiten ausüben, farbig identisch ausmalen.

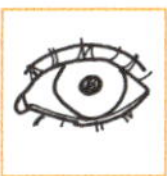

45

TIM

NUATIMANATIMAUNAUANTAU

LENA

LOTHTOHLENAOTHLOLENAOH

FATMA

PQRSTFATMAQRSHFATMAQP

HASE

YXCVBHASEMNBVHASEXNCM

TULPE

WDVTULPEKLPÖATULPEÄMXR

Wortbilder wiedererkennen und einkreisen.

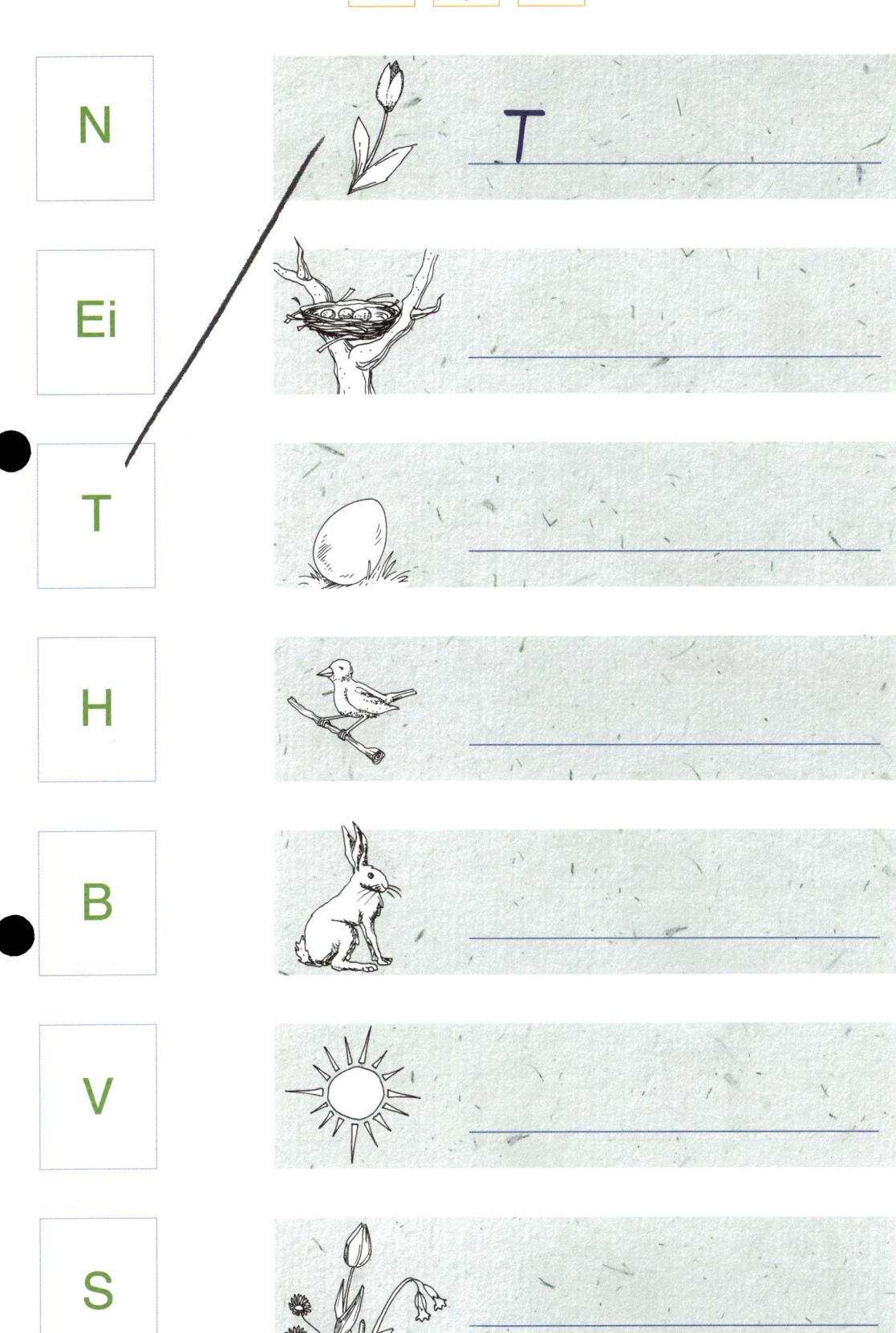

N

Ei

● T   T _____

H

● B

V

S

Anlaut abhören, mit passendem Anlautbild verbinden.
Den Anlaut oder auch mehrere Buchstaben dazu schreiben.

Reimwörter verbinden.

Wer angelt was? Schnüre mit verschiedenen Farben nachspuren.

49

Der Wasserfall – Ordne die Bilder.

Bildergeschichte: Einzelbilder ausschneiden (siehe Seite 69) und in logischer Abfolge hier einkleben.
Differenzierung: Wörter zum Bild verschriften.

SCHAF

SCHIR___

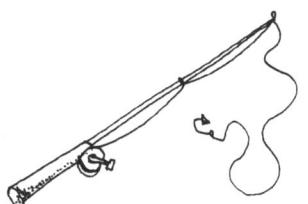

ANGE___

BOO___

KRA___

STEI___

KAPITÄ___

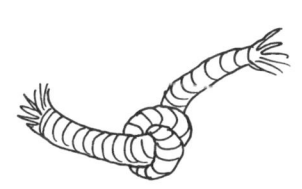

KNOTE___

TINT___

MUSCHE___

TUR___

FI_____

Endlaute hören und notieren.

51

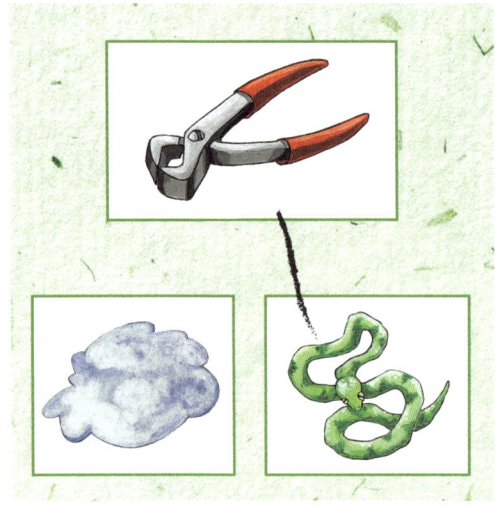

Reimwörter verbinden.

Was passt?

Gegenstände, die zur Katzenhaltung geeignet sind, mit Tinto verbinden.

Was passt zusammen?

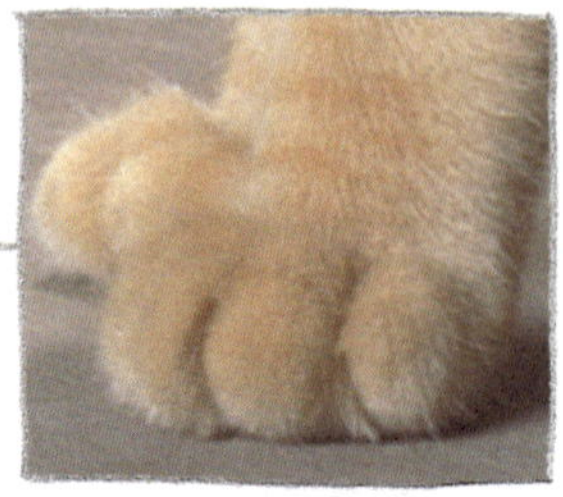

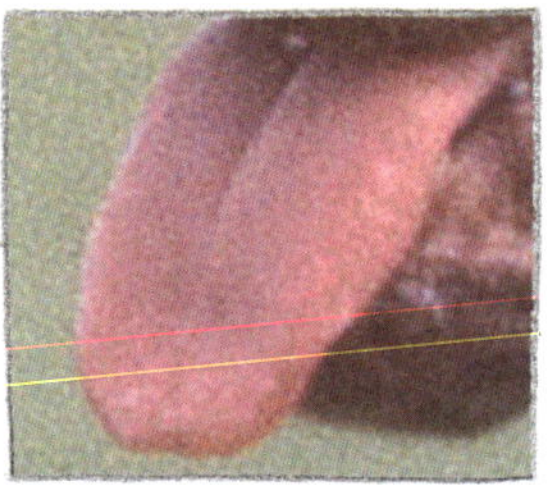

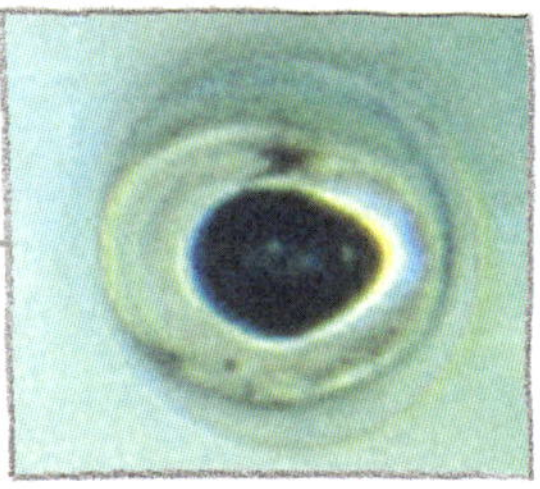

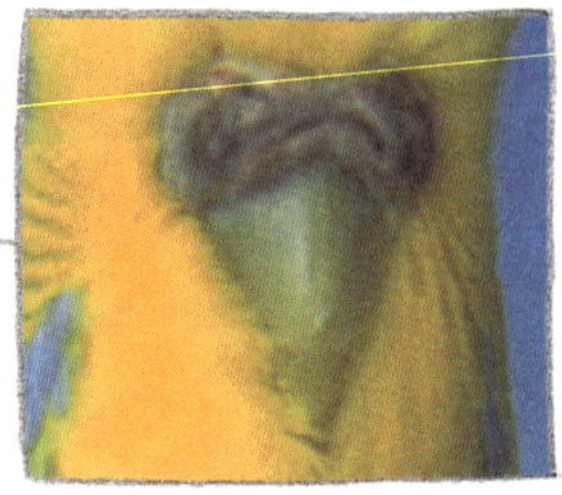

Zusammengehörige Bilder durch gleiche Farben markieren.

MAUS

 AFGBSMAUSGHKÖMAUSKLKJ

HUND

 JKLKBHUNDJKLKJLFJHUNDKL

HASE

HJHAJKLHASEKLMLKHASELÖ

ENTE

 RTZFTENTEHJHKEMTJKENTE

TINTO

 HTINTOJMLJKTINTOBKJTINTO

Wortbilder wiedererkennen und einkreisen.

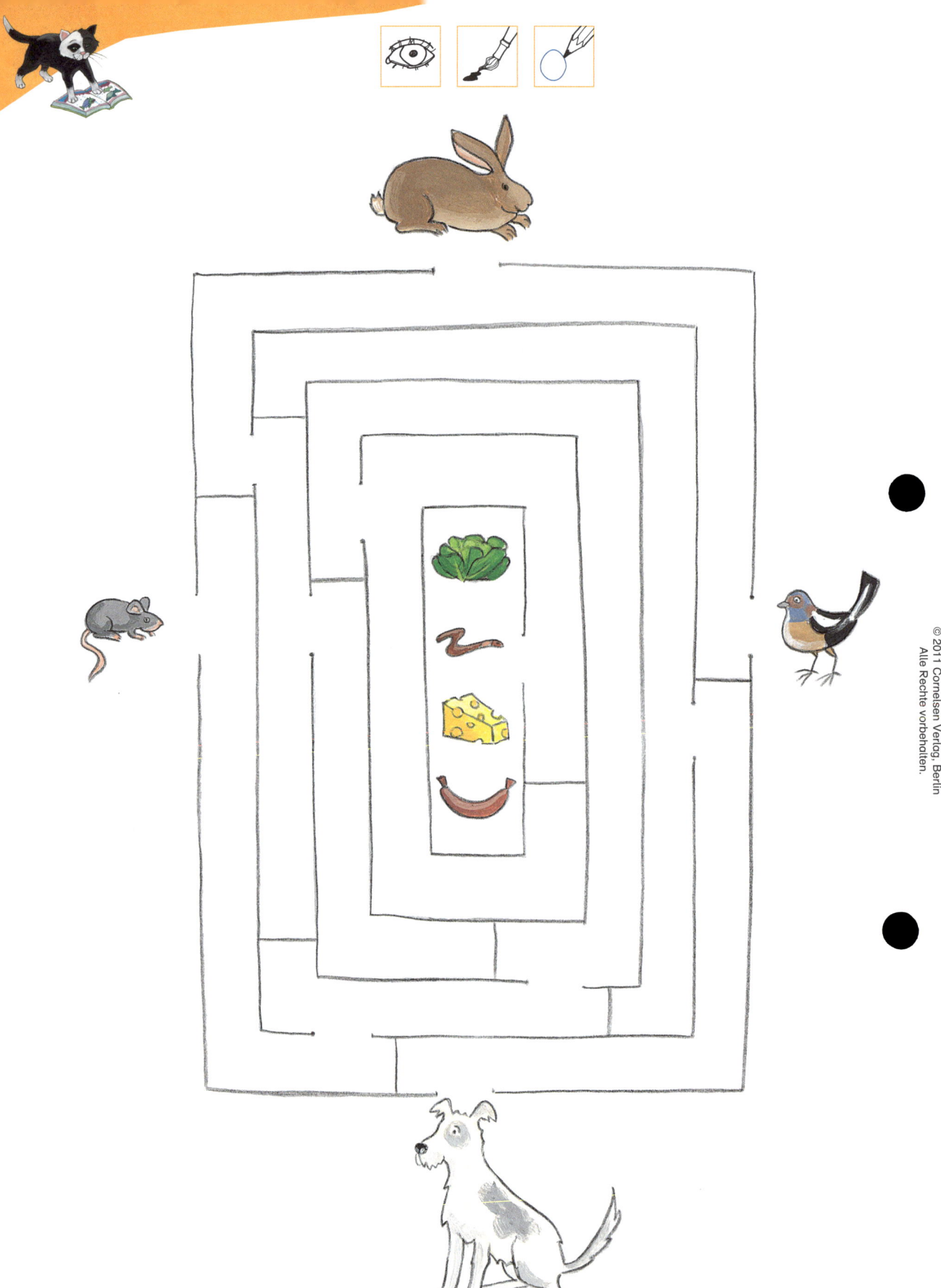

Wer findet sein Futter? Richtigen Weg einzeichnen und passendes Futter einkreisen.

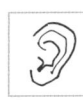 

ELEFAN*T*__ SCHWEI___ ZEBR___

PINGUI ___ WOL ___ HIR_____

UH___ AFF ___ KAME___

KROKODI__PF_____ NASHOR___

Endlaute hören und notieren.

Z _____

_____

_____

_____

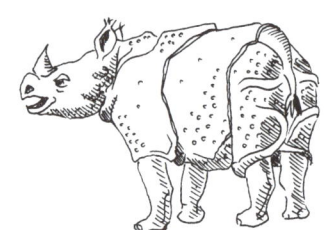

_____

_____

_____

_____

Wörter verschriften: Wörter abhören, die gehörten Laute notieren.

Was gehört nicht dazu?

Nicht passendes Bild einkreisen.

Nisse am Strand – Ordne die Bilder.

Bildergeschichte: Einzelbilder ausschneiden (siehe Seite 71) und in logischer Abfolge hier einkleben.
Differenzierung: Zum Bild schreiben (Wort/Satz).

R _____

_____

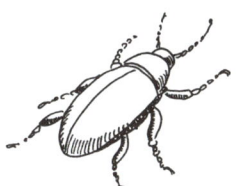

_____

_____

_____

_____

_____

_____

Wörter verschriften: Wörter abhören, die gehörten Laute notieren.

Was stimmt hier nicht?

Finde 6 Fehler.

Weitere 6 Fehler finden und einkreisen. **Differenzierung:** Zum Bild schreiben.

Zu Seite 4

Zu Seite 16

Zu Seite 25

Zu Seite 13

H
M
L

F
CH
Z

D
G
B

Ä
Ö
Ü

Zu Seite 40

Zu Seite 32

Zu Seite 32

Zu Seite 32

67

Zu Seite 40

Zu Seite 50

Zu Seite 40

Zu Seite 60